W0311795

Yéti, y es-tu ?

Yéti, y es-tu ?

UN TEXTE DE NATHALIE SOMERS
ET MURIEL ZÜRCHER

ILLUSTRATIONS
DE PAULINE PERNETTE

milan

1

Un matin (presque) comme les autres à l'hôtel Kifftonski

Monsieur Barbidel a deux passions dans la vie : son hôtel et sa fille Emma.

Il adore aussi les chocolats, ceux fourrés à la crème de cacahuète. Il les mange par poignées entières, surtout quand un truc va de travers.

Là, justement, monsieur Barbidel aurait bien besoin de chocolat : il ne comprend rien ; madame Klebs, sa cliente râleuse (mais fidèle), hurle d'indignation dans une pluie de postillons. Elle tient dans ses bras son inséparable mini petit riquiqui chien Rococo.

– C'est un VÉRITABLE scandale ! Une MONSTRUEUSE atrocité ! Vous avez failli tuer mon Calinou d'amour ! C'est comme ça qu'on traite les clients à l'hôtel Kifftonski ? Si j'avais su… Grrrrrrrr !

Madame Klebs grogne presque aussi fort que son chien.

– Allons, madame Klebs, que vous est-il arrivé ? demande le responsable de l'hôtel.

– Ouvrez les yeux, monsieur Barbidel ! Regardez dans quel état ÉPOUVANTABLE vous avez mis mon Trotrognon… Les autorités devraient fermer votre hôtel illico presto allegretto !

C'est vrai que le chien Trotrognon a une allure très bizarre, assez étrange, limite extra-terrestre. Ses poils sont dressés comme des piques, ses oreilles fument et sa queue tressaute comme un essuie-glace qui aurait le hoquet. Qu'est-ce qui a bien pu le mettre dans cet état ?

Monsieur Barbidel appelle sa fille chérie.

– EmmAAAAAAAAAAAA !

Car, monsieur Barbidel le sait, Emma fait souvent des moyennes sottises, des petites boulettes, et aussi des grosses bêtises. Parfois, monsieur Barbidel se demande ce qu'elle a dans la tête. Mais comme tous les parents, il se rassure : après tout, les enfants sont là pour faire tourner les adultes en bourrique, pas vrai ?

Emma arrive en courant et fait des guili-guili sous le menton grassouillet de Trotrognon.

– Il a une drôle de tête, votre chien, madame Klebs, on dirait un hérisson ! dit Emma.

– As-tu quelque chose à voir avec sa nouvelle coupe de poils ? demande son père.

– Bah non ! répond-elle. Tu sais bien que depuis ce matin, je guette l'arrivée de Gaspard ! D'ailleurs, je ferais mieux d'y retourner, le car ne devrait pas tarder.

– La responsable de ce désastre, ce n'est pas votre fille, s'énerve madame Klebs, c'est votre installation électrique ! C'est arrivé après le déjeuner, quand j'ai mis ses bigoudis chauffants à mon Coquinou-Minou. PAF ! L'électricité a sauté et mon CoquinouMinou aussi, GONG ! Jusqu'au plafond ! Et quand j'ai enlevé les bigoudis, ZOUING ! ses poils se sont dressés. J'ai bien vu que jamais, jamais, JAMAIS il ne rentrerait dans sa doudoune 100 % duvet.

À ce moment-là, monsieur Barbidel pense à plusieurs choses en même temps (et pourtant, il n'a qu'un seul cerveau). Il pense :

1. Qu'il a oublié que Gaspard débarquait aujourd'hui pour passer les vacances de ski avec Emma (ce qui se reproduit pourtant tous les ans).

2. Qu'il a une vieille doudoune qui traîne dans le local à skis. Avec deux ou trois coups de ciseaux, elle irait à merveille à Coquinou-Minou.

3. Qu'il faut vraiment, vraiment, VRAIMENT (comme dirait madame Klebs) qu'il change le compteur électrique de l'hôtel.

Ensuite, monsieur Barbidel fait plusieurs choses (mais pas toutes à la fois) :

1. Il taillade la vieille doudoune, puis l'enfile à CoquinouMinou. Madame Klebs est contente. (Elle dit : « Merci, merci, MERCI. »)

2. Il appelle l'électricien (qui s'est cassé le bras en skiant) et programme la réparation (pour dans dix jours, quand il sera guéri).

3. Il espère très fort qu'aucun inspecteur ne viendra contrôler l'hôtel d'ici là.

4. Il rejoint Emma qui est repartie dehors, sur le parking devant l'hôtel, juste au pied du tire-fesses.

– Si tu veux, lui propose Emma, je peux réparer l'électricité avec la boîte à outils que j'ai eue à Noël.

– Non ! crie son père. C'est dangereux, je te l'interdis, c'est bien compris ?

– Oui, oui, d'accord, pas la peine de crier ! Alors, quand Gaspard sera là, tu préfères qu'on parte direct en haut des pistes ?

– C'est ça ! Gaspard pose ses affaires et zou ! vous filez vous amuser.

2

Monstrueux monstre !

Emma sourit : elle a obtenu ce qu'elle voulait. Avec Gaspard, ils ne perdront pas une seule miette de l'après-midi. Pas besoin de passer par la case « se réchauffer », ou « défaire les bagages », ou « récupérer un peu ».

Ça tombe bien, parce qu'elle a hâte de lui montrer sa nouvelle invention. En deux ou trois coups de perceuse, de marteau et de tournevis, elle a attaché deux couvercles métalliques de poubelles entre eux. Elle a collé deux gros coussins moelleux au milieu. Et elle a caché le tout dans la grange.

C'est sûr, Gaspard va adorer sa nouvelle luge de luxe à deux places. Une luge si confortable qu'on peut glisser toute la journée sur la neige sans avoir le popotin raplapla !

Et, justement, le car arrive. Emma se précipite.

La porte s'ouvre, Gaspard surgit. Ils se sautent dans les bras, ils hurlent, ils font la ronde dans un sens, dans l'autre, ils se tapent dans le dos, ils se ressautent dans les bras, ils hurlent, ils font des grimaces, ils gesticulent comme des fous.

Bref, ils sont contents.

C'est comme ça chaque année ! Faut dire qu'ils se connaissent par cœur. Ils étaient chez la même nounou quand ils étaient bébés !

– Ciao, papa ! On y va !

Monsieur Barbidel ramasse la valise que Gaspard a balancée dans la neige. Il râle... Il n'est pas bagagiste, tout de même ! Mais les enfants sont déjà sur le tire-fesses, un truc bizarre glissé sous les pieds (une aile de voiture ? une sculpture de jardin ? une luge high-tech en aluminium brossé ?). Il crie avant de les voir disparaître :

– N'oubliez pas de rentrer avant la nuit !

Monsieur Barbidel retrouve vite sa bonne humeur. Son hôtel est plein. Sa fille est heureuse (et toujours aussi fantastique). D'ailleurs, il va manger un chocolat à la cacahuète, parce que, le chocolat, on en mange quand tout va mal et on en mange aussi quand tout va bien.

La vie est merveilleuse.

Du côté de Gaspard et Emma, la vie est merveilleuse aussi.

Un concentré 100 % joie, plaisir et rigolade. Ils sont montés là-haut, au sommet.

Assis sur leur luge aérodynamique méga confort, ils dévalent les pistes à une vitesse supersonique. Ils ont de la neige plein les masques, plein les casques, plein les gants et plein les dents !

Quand ils tombent, c'est roulé-boulé dans la poudreuse. Et grâce aux coussins, ils décollent sur toutes les bosses sans craindre l'atterrissage. Un régal !

Pour leur dernière descente, ils tombent sur un truc inattendu. Emma se relève d'une chute très réussie (9,5/10 à l'école des cascadeurs) et pointe le bidule du doigt.

– T'as vu ce machin, Gaspard ? On dirait une empreinte d'animal !

– Waouh ! Vu la taille, il doit chausser au moins du 54…

– Tu crois que c'est un monstre ?

– Sûr… Ou pire, c'est un zombie !

Gaspard fait semblant d'être un mort-vivant, en tordant sa bouche et en bavant. Les bras levés, il essaye d'attraper Emma avec des grognements borborygmeux et gargouillitesques, qui sont d'autant plus effrayants que ces mots n'existent pas. Emma rigole tellement qu'elle n'arrive même plus à courir dans la neige pour lui échapper.

– Il est trop tard pour suivre les traces, dit-elle, papa ne plaisante pas avec les horaires. Mais on reviendra demain !

Emma grimpe dans la luge. Gaspard a juste le temps de s'asseoir. Et c'est reparti !

C'est leur meilleur après-midi depuis longtemps, et même encore plus : depuis trèèèèèèèèèèèèès longtemps.

3

Visite surprise

À l'hôtel Kifftonski, le petit déjeuner, c'est sacré. « Pas question d'aller faire les cornichons sur des skis le ventre vide ! » répète monsieur Barbidel à Emma. Elle, elle sauterait bien la case « tartine et cacao » pour sauter plus vite dans la neige avec Gaspard.

De toute façon, pas moyen d'y couper. Le père d'Emma les surveille du coin de l'œil tout en ouvrant son courrier d'une main, en buvant son café de l'autre et en tendant l'oreille vers le hall d'entrée. Décidément, il est vraiment très fort, le père d'Emma.

Résultat : pour enfin être libérée, délivrée, Emma gobe ses céréales La Graine des

Blés pendant que Gaspard se goinfre de brioches à la pralinette.

Mais soudain, patatras ! La tasse glisse des mains de monsieur Barbidel et se renverse sur la table.

D'habitude, quand monsieur Barbidel casse un truc, il crie un mot, plutôt gros, qu'on ne peut pas, surtout pas, vraiment surtout pas répéter ici.

Là, il ne dit rien, même pas un petit « saperlipoupinette », qui est pourtant son deuxième juron préféré. Il reste les yeux fixés sur la lettre, figé comme une statue.

Emma commence à éponger le café.

– Ben quoi ? C'est mon bulletin de notes ?

– J'aurais préféré…

Emma comprend alors qu'il se passe quelque chose de très, TRÈS, TRÈS grave. Pour son père, rien n'est plus tendu que l'arrivée de son bulletin (à part peut-être une pénurie de chocolat).

Monsieur Barbidel retrouve la parole, mais juste un filet de voix :

– Une inspectrice va débarquer à l'hôtel pour vérifier que tout est conforme aux normes. Saperlipoupinette ! Si elle se rend compte que l'installation électrique date des dinosaures, elle va faire fermer l'hôtel ! Et on perdra à la fois mon travail et notre maison !

– T'inquiète pas, papa. Gaspard et moi, on montera nos tentes sur la place du village et on te gardera une place !

À ce moment-là monsieur Barbidel ressent plusieurs choses à la fois :

1. Une immense FIERTÉ : sa fille chérie est la plus généreuse fille chérie de la terre (et aussi du reste du monde jusqu'aux confins de l'univers).

Et :

2. Une profonde ANGOISSE : l'inspectrice arrive par le train de 16 h 52 cet après-midi, et même si le bras de l'électricien guérissait comme par miracle, ce serait trop tard pour les travaux.

Et aussi :

3. Une terrible, irrésistible, IMPUTRESCIBLE (c'est pas le mot qu'il faut, mais ça rime) envie de chocolats fourrés à la crème de cacahuète.

Alors, monsieur Barbidel enfourne une énorme poignée de chocolats dans sa bouche (il tasse pour que ça rentre) et il fait un double smack parfum cacahuète sur la joue de sa fille.

Après ça, Emma a encore plus envie de l'aider. Justement, Gaspard a une idée.

– Si l'hôtel brille comme une première étoile, l'inspectrice sera impressionnée par sa propreté, elle oubliera de vérifier l'installation électrique !

– Gaspard, t'es génial ! s'exclame Emma en faisant claquer la paume de sa main contre la sienne. C'est décidé, on va tout briquer, du sol au plafond !

4

Rien ne va plus

Une heure plus tard, Emma et Gaspard transpirent tellement qu'ils sont en maillot de bain dans le hall d'entrée. Ils décrassent, frottent et astiquent le vieux plancher.

– Après, faut mettre de la cire, dit Gaspard, ma mère dit toujours qu'un bois sans cire, c'est comme un catcheur sans son costume : tout nu. Tu sais s'il y en a quelque part ?

Emma est déjà partie. Elle revient en courant de la salle de bains, un petit pot rouge à la main.

C'est la cire que son père se tartine sur les cheveux quand il veut faire le beau.

Et hop ! C'est parti ! Un petit coup de cire sur le chiffon et zuip zuip zuip, on tourne en rond.

Mais soudain, un tacatacata résonne dans les escaliers. Emma et Gaspard lèvent le nez. Ouf! C'est juste madame Klebs qui descend les escaliers avec ses talons « tour Eiffel ». Elle fonce tout en faisant des papouilles à son CoquinouMinou.

– Poussez-vous, les enfants, Bichouni-Chéri et moi sommes vraiment énormément TERRIBLEMENT pressés.

Comme le dit toujours monsieur Barbidel, « le client a toujours raison (sauf quand il a tort) ». Alors, Emma et Gaspard s'écartent pour les laisser passer.

Madame Klebs descend de la dernière marche, pose un talon sur le sol luisant et... zwing! zwong! zwang! commence un extraordinaire ballet.

Madame Klebs se penche en avant, en arrière, sur les côtés, en mode culbuto géant. Ses talons dessinent d'incroyables et mirifiques arabesques sur le sol ciré (dommage qu'on ne puisse pas l'accrocher dans un musée).

Dans le même temps, un incroyable concert résonne dans l'hôtel.

BichouniChéri hurle à la mort, car sa maîtresse l'écrabouille contre elle.

Elle hurle aussi, en tentant de garder l'équilibre. Après une dernière pirouette, elle bascule en arrière, ouvre les bras malgré elle et propulse son BichouniChéri dans les airs.

Son cri déchirant traverse tous les murs de l'hôtel :

– Spoutnikou ! Sauvez mon Spoutnikou !

Quel vacarme ! Monsieur Barbidel se précipite, paniqué, dans le hall de son hôtel.

– Mais que se passe-t-il encore ici ?

À la place d'une réponse, il reçoit madame Klebs dans les bras (ouh, c'est lourd).

– Mon Poupoupidou d'amour ? hurle-t-elle. Où est-il ? Sans mon Poupoupidou d'amour, je suis perdue !

Monsieur Barbidel la rassure : son Poupoupidou d'amour est juste là, à cheval sur une des branche du lustre, celui qui a cinq ampoules puissance 200 watts. Gaspard grimpe sur une chaise pour le récupérer et il le rend à sa maîtresse.

Madame Klebs serre l'animal dans ses bras, secouée de sanglots de peur et de fureur.

– Regardez mon pauvre Chouchinou chéri d'amour ! Le stress l'a fait friser comme un mouton ! Dire qu'il a une fois encore frôlé la mort ! Et imaginez ce qui aurait pu m'arriver ! J'aurais pu me casser les jambes, les pieds, ou pire... mes jolis ongles rouges ! Votre hôtel est un lieu dangereux, monsieur Barbidel. Cette fois, c'est décidé, je vais me plaindre à qui de droit, croyez-moi !

Monsieur Barbidel se confond en excuses. Promet une réduction de 90 % sur le dessert du soir et des croquettes cinq étoiles pour le Chouchinou. Il est désolé, il est confus, vraiment, ça ne se reproduira plus.

Madame Klebs se calme. Accepte les croquettes. Des cinq étoiles, ça ne se refuse pas !

Quand enfin elle sort, monsieur Barbidel se tourne vers les enfants, très en colère.

– C'est quoi, ce bazar ?

Emma et Gaspard s'expliquent : le parquet récuré, la cire pour le faire briller. Mais monsieur Barbidel est toujours aussi furieux.

– Il faut que vous compreniez que si l'inspectrice n'est pas satisfaite, elle ordonnera la fermeture de l'hôtel. Pour vous, les vacances seront finies, on devra déménager et je n'aurai plus de travail pour payer un loyer. C'est grave ! Très grave !

Emma baisse la tête.

– On voulait juste t'aider.

– La meilleure façon de m'aider, c'est d'aller dehors et de me laisser travailler tranquille ! Et pas question de provoquer une nouvelle catastrophe avec la luge bricolée que j'ai découverte dans la grange. Prenez les raquettes et allez observer les oiseaux, ce sera parfait !

5

On n'attrape pas les mouches avec du vinaigre

(Note informative : on ne parlera ici ni de mouches, ni de vinaigre.)

Dehors, le soleil brille comme si de rien n'était. Lui, il s'en fiche, il ne risque pas la coupure d'électricité.

En haut de la montagne, Emma et Gaspard ont chaussé des raquettes (pas celles pour jouer au tennis, celles des trappeurs du Grand Nord mais en version plastique renforcé).

Ils ne cherchent pas les oiseaux mais les traces qu'ils ont repérées hier sur la neige. Emma est la première à crier :

– Ça y est ! J'ai trouvé !

– N'importe quoi ! C'est l'empreinte des fesscs d'un skieur qui s'est assis là pour pique-niquer.

Emma regarde la trace, regarde Gaspard, lève les yeux au ciel. OK, OK, elle s'est trompée.

Plus tard, c'est quand même elle qui trouve l'empreinte, la vraie, les deux ovales avec les marques des griffes au bout.

Plus loin, les traces continuent.

Encore plus loin, les empreintes s'arrêtent. Net.

Tout autour, Emma et Gaspard ne voient plus rien, rien du tout, le néant. C'est nul.

– C'était peut-être un dragon qui s'est envolé, suppose Gaspard.

– Et pourquoi pas une licorne, pendant que tu y es ?

– Les licornes, c'est que pour les bébés !

– Même pas vrai !

– Andouille !

– Citrouille !

Gaspard forme une ÉNORME boule de neige entre ses doigts et PAF ! il l'écrase sur la bouche d'Emma.

Emma forme une GIGANTISSIME boule de neige entre ses gants et SHLOUF, la glisse dans le col de l'anorak de Gaspard.

Quelle bagarre !

Tous les deux se vautrent dans la neige et, sans s'en rendre compte, commencent à glisser. Impossible de s'arrêter dans la pente !

Une seconde, deux secondes… À deux et demie, cela fait PLOUFP !

« PLOUF », c'est quand on tombe dans l'eau. « PLOUFP », c'est quand on tombe dans la neige.

Voilà Emma et Gaspard au fond d'un trou tout blanc d'au moins deux mètres.

– Elle est bizarre, la neige, dit Emma. Elle est molle, mais pas molle comme d'habitude. En plus, elle est chaude, bien plus chaude que d'habitude.

Gaspard hoche la tête mais il n'écoute rien. Il n'a qu'une idée en tête : préparer une boule de neige pour être le premier à dégainer. Il racle le blanc, il racle encore, et encore. Il s'étonne.

– Elle est bizarre, la neige, on dirait des poils !

À ce moment-là, la bête géante sur laquelle ils sont tombés s'assoit et secoue la tête avec une mine de monstre mal réveillé.

Gaspard et Emma hurlent de peur. Le monstre hurle de peur. Tout le monde hurle au fond de la crevasse, jusqu'à ce que tout le monde ait vidé ses poumons.

En s'asseyant, la créature a fait glisser les enfants par terre. Elle les regarde en penchant la tête sur le côté. Elle n'a pas l'air méchante.

– Il est gros, il est blanc, mais c'est pas un ours polaire, dit Emma.

– C'est un yéti ! décrète Gaspard.

– Mais non !

– Mais si !

– Andouille !

– Citr…

Un grognement les interrompt.

– Tu crois qu'il nous comprend ? chuchote Gaspard.

L'animal est assis en face des enfants.

Malgré l'atterrissage de Gaspard et Emma sur son postérieur, il ne semble pas souffrir du dos. Par contre, il souffle doucement sur l'une de ses énormes pattes.

– On dirait qu'il a mal, dit Gaspard.

Ni une ni deux, Emma se relève, s'approche et attrape le bras du géant poilu. Le yéti a l'air plutôt gentil. Il se laisse faire, sans râler.

– Le pauvre ! Regarde l'énorme écharde ! Elle est en train de s'infecter, sa main est tout enflée. Ça risque de s'aggraver. Le plus simple, ce serait de le ramener à l'hôtel. On le soigne vite fait bien fait et hop ! on le ramène ici.

Gaspard est d'accord, mais le yéti beaucoup moins. Impossible de le décider à bouger de son nid glacé.

Emma le raisonne :

– Allez ! C'est pour ton bien.

Elle le tire par le bras ; elle le pousse dans le dos.

Gaspard tente de l'attirer comme une poule :

– Petit, petit, petit.

Il lui parle avec des signes ; il lui chuchote à l'oreille.

Mais RIEN ne marche. Et surtout pas le yéti.

PIRE ! Il se rallonge au sol, comme s'il allait piquer un petit somme.

Emma et Gaspard se sentent MINUS, MINABLES, MISÉRABLES ; des propres à rien du tout.

Désespéré, Gaspard décide de se consoler avec une bouchée des chocolats de monsieur Barbidel.

Mais ZOU ! Le yéti est plus rapide. Il bondit sur ses pieds, attrape le chocolat au vol et l'avale tout rond. Tout ça n'a duré qu'une nanoseconde.

– Génial ! dit Emma. Voilà comment on va le sortir de là : on va jouer au Petit Poucet. Tu balanceras des chocolats sur le chemin et, comme ça, le yéti nous suivra.

– Sauf qu'on va avoir un problème : quand ton père ou un client apercevront le yéti, ce n'est pas à un pansement qu'il aura droit, mais à un aller simple pour le zoo du coin !

Emma fronce les sourcils, avec la mine d'un chercheur en biologie marine en train de rédiger un dictionnaire français-baleine. Soudain, elle sourit. Un large, un grand, un immense sourire.

– Attends-moi là, j'ai une idée !

6

Yéti incognito

Emma ne tarde pas à revenir avec un énorme sac en plastique dans les bras.

– Qu'est-ce que c'est ? demande Gaspard. Une piscine gonflable ?

– T'es bête ! Ça nous servirait à quoi ?

Tout en parlant, elle plonge la main dans le sac :

– Tadaaam !

– C'est la combinaison de ski du gros Léo ! s'exclame Gaspard. Il va être furieux !

Le gros Léo, c'est un des pisteurs qui assurent la sécurité. Et comme son nom l'indique, il est gros. Et grand. Et musclé. Et beau. L'été, il gagne toujours le concours de Monsieur Univers de la station.

– C'est juste sa tenue de rechange, corrige Emma. Elle était dans le poste de secours. Il y a vraiment peu de risques qu'il s'aperçoive de sa disparition !

Gaspard espère bien qu'elle a raison. Il n'a pas envie de se faire tirer les oreilles par le gros Léo. Parce qu'après ça, il pourra aussitôt remplacer Dumbo, l'éléphant volant !

Emma se fait beaucoup moins de souci. Elle est très fière d'elle ! Elle saute dans le trou et commence à habiller le yéti.

Elle enfile une de ses jambes, puis l'autre, mais rencontre bientôt un problème de taille : le yéti est assis et compte bien le rester. Comment pourrait-elle réussir à faire passer les fesses dans de telles conditions ?

Elle tire, elle pousse, dit : « Ho ! hisse ! la saucisse ! » Rien n'y fait !

– Surtout ne viens pas m'aider ! crie-t-elle à Gaspard qui rit à s'en faire éclater les côtes.

– Je voudrais pas te déranger, tu as l'air de tellement t'amuser avec ta poupée poilue !

Emma pense alors à trois choses :

1. D'abord, que les garçons sont tous des cornichons.

2. Ensuite, qu'elle ferait bien de la purée de Gaspard pour le dîner de ce soir.

3. Enfin, que ce yéti a un sacré poil dans la main à ne pas vouloir bouger ses fesses.

Puis elle pense à trois autres choses encore :

1. D'abord, que ce monstre n'est qu'un hurluberlu velu.

2. Ensuite, qu'elle ferait bien de la ratatouille de yéti pour le repas de midi.

3. Enfin, que Gaspard est un gros flemmard !

Puis elle arrête de penser, parce qu'il y a du pain sur la planche (ou plutôt des fesses sur la neige). Mais Gaspard sort des chocolats de sa poche, et le yéti se lève aussitôt pour les attraper.

Zou ! Emma en profite pour remonter la combinaison d'une trentaine de centimètres. Ça coince un peu au niveau des hanches, mais après un petit « crac », ça passe !

– Gaspard, t'es le roi des débrouillards !

Enfiler le reste est un jeu d'enfant, ce qui est parfait puisque Gaspard et Emma en sont justement, des enfants !

Pour finir, Emma sort de son grand sac un masque de ski qu'elle glisse sur les yeux du yéti et de grosses moufles qu'elle enfile sur ses mains.

– Et le bonnet ? demande Gaspard.

–Y en avait pas. À la place, j'ai pris ça…

Emma sort un grand morceau de papier doré et brillant.

– Mais c'est une couverture de survie !

– Maintenant, c'est un turban !

Elle l'entortille autour du crâne du yéti (qui continue à manger ses chocolats) et contemple son œuvre.

– On dirait un hipster ! Une combinaison slim, un bonnet doré… top tendance !

– Ouais, ça peut le faire, confirme Gaspard, ses pieds ressemblent aux Moon Boots poilues qu'on vend dans les boutiques chics de la station.

– Tout le monde va croire que c'est une star incognito. Attention aux paparazzis !

À coups de chocolats, ils parviennent à faire sortir le yéti de son trou. Comme un Petit Poucet version XXXXXXXXL, il les suit docilement. Mais soudain, Gaspard fait la grimace :

– Emma, problème à l'horizon ! Panne sèche de chocolats à la cacahuète !

Le yéti s'arrête lorsque Gaspard s'arrête de semer les friandises. Il s'assoit en chougnant. Emma est furax, fulminante, furibonde.

–V'là qu'il recommence !

–T'inquiète, je gère, dit Gaspard. Les têtes de mule, j'ai l'habitude, j'en connais une !

Avec des kilos de gestes et une tonne de mimiques, il explique au yéti qu'une montagne de chocolats cacahuète l'attend un peu plus bas.

Le yéti ne bouge pas. Emma jette une boule de neige sur Gaspard.

–T'es nul comme mime !

Mais soudain le yéti se lève et fonce sur un tronc d'arbre coupé qui traîne par là. Il s'assoit dessus à califourchon et se tourne vers les enfants.

– Il veut qu'on monte avec lui, traduit Gaspard qui se sent prêt à écrire un dictionnaire humain-yéti.

Ni une ni deux, les deux amis enfourchent alors le tronc d'arbre (beaucoup moins confortable que la luge). Aussitôt, le yéti plante ses deux énormes pattes dans la neige et pousse aussi fort qu'un moteur à réaction.

– Hououououou ! crie Gaspard.

– Haaaaaaaaaaaa ! hurle Emma.

Le paysage défile à la vitesse de l'éclair. Un sapin arrive droit devant.

– Haaaaaaaaaaaa ! hurle Emma.

– Hououououou ! crie Gaspard.

Un coup de patte à droite, et hop ! ils sont sauvés. Le slalom se poursuit dans la forêt jusqu'à ce que…

– Hahouhahouhahouha, s'époumonent Gaspard et Emma.

Ils viennent de décoller sur une belle bosse. Pendant quelques secondes, ils volent comme deux crêpes au-dessus de la poêle… et s'écrasent dans la neige comme deux pancakes dans une assiette.

⋆

Peu de temps mais beaucoup de neige plus tard, deux grosses moufles les soulèvent pour les remettre debout. Le yéti grogne avec impatience. Gaspard et Emma s'essuient la neige des yeux. Ils ont atterri juste à côté de l'hôtel !

– Ça vient, ça vient, dit Emma, tu vas les avoir tes chocolats !

7

Coup de foudre, coup de gueule

À l'hôtel, Emma pousse la porte d'entrée pour faire un repérage. Le hall est vide, silencieux. Mais à peine Gaspard a-t-il fait entrer le yéti que déboule le petit chien de madame Klebs.

L'animal renifle les pieds du yéti, agite la queue, se couche sur le dos en agitant les pattes, se relève, et soudain…

– Wahf, weuhf, whiiif, whoff.

Emma et Gaspard essayent de le faire taire avant qu'il ait terminé toutes les voyelles de l'alphabet.

Emma :

– Tais-toi, Trotrognon !

Gaspard :

– Chut, Spoutnikou !

Emma :

– La ferme, Chouchinou !

Gaspard :

– On n'y arrivera jamais, on ne sait même pas comment il s'appelle !

De toute façon, il est déjà trop tard. Venue tout droit du bar de l'hôtel, une canette de Pepsorange à la main, madame Klebs surgit dans le hall en criant :

– Mon Pipichou, qu'est-ce qui t'arrive ? Quelqu'un t'a fait du m… ?

Elle s'interrompt brutalement, le souffle coupé par la surprise : elle vient de découvrir le yéti.

Si on était dans un dessin animé, un immense cœur entourerait le visage de madame Klebs et celui du yéti sauvage. Car la maîtresse de Pipichou est en extase, foudroyée par l'amour d'un coup, d'un seul !

– Monsieur… susurre-t-elle au yéti.

Elle reprend son souffle.

– … vous devez être quelqu'un d'EX-CEP-TIO-NNEL ! Mon chien est vraiment très difficile, il ne prend pas la peine d'aboyer sur n'importe qui.

Madame Klebs tend sa main vers le yéti pour qu'il s'incline comme un homme du monde. Mais elle n'obtient qu'un grognement en guise de baisemain.

Madame Klebs repart à l'attaque. Il en faut beaucoup pour la décourager !

– Quel bonnet FORMIDABLEMENT original vous portez là ! J'adooooore ! Tellement, tellement, TELLEMENT tendance ! Puis-je le toucher ?

Cette fois, le yéti attrape la main de sa prétendante et la secoue comme si madame Klebs était un arbre à chocolats cacahuète. Toute chamboulée, madame Klebs se débarrasse de sa canette (heureusement, elle était fermée !) en la posant sur le comptoir d'accueil et tend son autre main vers la créature.

– Quelle poigne, monsieur, quelle poigne ! Et tous ces poils… Oserais-je vous avouer que j'aime les hommes qui ne s'épilent pas ? Vous avez l'air si doux et si puissant à la fois !

À ce moment-là, la porte de l'hôtel s'ouvre, empêchant madame Klebs de s'évanouir d'amour. Elle jette un regard agressif à la femme qui vient d'entrer.

Tailleur, talons, chignon et attaché-case, la nouvelle venue n'a pas du tout l'air de s'intéresser au nouvel amoureux de madame Klebs. Mais qu'importe ! La maîtresse de Pipichou a bien l'intention de l'empêcher de s'approcher. C'est son hipster à ELLE !

– Bonjour, dit-elle d'un ton sec. Vous êtes… ?

– Madame Méticule, ICLRLHTP, inspectrice en conformité législative et réglementaire des lieux d'hébergement tout public. Vous êtes la propriétaire ?

– Ouh ! lala ! non ! s'exclame madame Klebs. Je suis une cliente et j'ai bien mieux à faire que de parler avec une IRLCKC !

Et zou, madame Klebs s'en va sans dire au revoir, son Pipichou dans les bras.

Pendant ce temps, alerté par sa fille, monsieur Barbidel accourt. Il ne sait pas comment on accueille une ICLRLHTP, d'ailleurs il n'arrive même à prononcer ce truc, alors il fait une courbette.

L'inspectrice dit « Bonjour monsieur » et, tout de suite après, sans prévenir, sans même un petit préavis, elle déclare la guerre :

– Je vous rappelle que l'hôtel n'est pas agréé pour les animaux de plus de dix kilogrammes, il faudra vérifier que le petit roquet que j'ai vu là n'en fait pas onze.

– Bien sûr, je demanderai à sa maîtresse. Au pire, elle pourra toujours le mettre au régime.

– Est-ce de l'humour, monsieur Barbidel ? Sachez que je suis pourvue des cinq sens traditionnels, vue, ouïe, toucher, goût et odorat, mais pas DU TOUT du sens de l'humour. Ça commence mal, monsieur Barbidel, ça commence très mal…

Gloups ! fait le père d'Emma en avalant sa salive. Cette femme est horrifiante, terrorisante, terrifiante ! Le genre de personne que même le gentil monsieur Barbidel risque de ne jamais réussir à amadouer. Mais pas question de renoncer sans essayer !

Monsieur Barbidel attrape la canette de Pepsorange sur le comptoir.

– Une petite boisson, chère madame ? Après un si long voyage, vous avez sûrement besoin de vous rafraîchir.

Il approche la canette, soulève la capsule et PSPHLAFFLLL ! Le liquide rouge et sucré explose à la tête de l'inspectrice.

– Hiiiiiiiiiiiiiiiiiiiiiiiiiiii !

Le cri de l'inspectrice est supramégasonique. (Plus fort que tous les cris de madame Klebs réunis, c'est dire…)

Emma se bouche les oreilles. Gaspard se bouche les oreilles. Le yéti se bouche les oreilles.

Monsieur Barbidel ne se bouche pas les oreilles. Même s'il aurait bien aimé, il comprend qu'il a intérêt à réparer sa bêtise ! Il attrape un torchon et tamponne, bouchonne, frictionne toutes les taches rouges qu'il peut voir.

– C'est mon nez ! s'énerve soudain madame Méticule. Arrêtez de le frotter ainsi !

– Oh pardon ! bredouille monsieur Barbidel. C'est qu'il est vraiment rouge…

– Comment ça, il est vraiment rouge ?

– Heu… peut-être pas si rouge que ça… Disons qu'il est à peine rouge orangé…

– Rouge orangé ?

Madame Méticule lui lance un regard assassin et le repousse avec son attaché-case :

– Conduisez-moi plutôt à ma chambre.

Et elle ajoute, les dents serrées :

– Ça commence mal, monsieur Barbidel, ça commence VRAIMENT très mal…

8

La goutte qui fait déborder le vase

Terrifié, monsieur Barbidel répète qu'il est tellement désolé que, bien sûr, il paiera tout ce que madame Méticule voudra pour se faire pardonner : une teinture, une coiffure, une manucure, une pédicure et même de la confiture.

Les enfants profitent de la confusion pour pousser le yéti vers les escaliers. Vite, vite, il faut le conduire jusqu'à leur chambre. Leur unique souci, c'est de le soigner pour le ramener dans sa crevasse.

Le yéti se laisse faire. Il semble très content de s'éloigner de l'ICLRLHTP.

Mais Emma et Gaspard sont si pressés qu'ils ne se rendent pas compte que ses pattes laissent de grosses traces de neige sur les marches.

Ouf ! Les voilà enfin dans leur salle de bains ! Emma attrape la trousse de premiers secours, et Gaspard en sort la pince à épiler.

– Prête pour une petite diversion ?

Emma se glisse derrière le yéti et, au signal de Gaspard, couvre les yeux de la créature en s'écriant :

– Coucou ! Caché !

Au même moment, Gaspard saisit l'écharde avec la pince et hop ! la retire d'un coup sec. Tout est déjà fini, le yéti n'a eu le temps ni d'avoir peur, ni d'avoir mal. Gaspard ouvre le robinet d'eau chaude du lavabo. En voyant l'eau couler, le monstre poilu fait un drôle de bruit, comme un gargouillement de tuyau un peu bouché. Ça ressemble presque à un rire ! Il tend la main et commence à jouer avec l'eau. Il rigrogne. Gaspard rigole aussi.

– On dirait que ça lui plaît !

– Tant mieux, comme ça, il nettoie sa plaie tout seul !

Quand la patte est assez propre, Gaspard ferme le robinet et Emma verse un peu de désinfectant. Le yéti pousse des petits cris.

– Oui, ça picote, mais après ça ira beaucoup mieux, tu verras !

C'est à ce moment-là que monsieur Barbidel ouvre la porte de leur chambre en criant :

– Emma, Gaspard, venez tout de suite !

Les deux amis se précipitent hors de la salle de bains en refermant la porte.

Monsieur Barbidel est furieux.

– Il y a des traces de neige fondue partout dans les escaliers, comme si vous aviez invité un gorille pour le dîner ! Je vous ai pourtant dit mille fois d'enlever vos boots avant de monter à l'étage ! Ce n'est vraiment pas le jour… Vous avez entendu l'inspectrice ? Elle a dit que ça commençait mal. Très mal même. Et elle l'a répété deux fois !

Emma et Gaspard sont bien embêtés.

– T'en fais pas, papa, on va tout nettoyer.

– Alors, dépêchez-vous ! Je veux que tout soit NICKEL quand elle sortira de sa douche. Et pas de bruit ! Elle est dans la chambre d'à côté.

– Pas de souci ! Ça brillera tellement qu'il lui faudra des lunettes de soleil pour descendre au rez-de-chaussée, assure Gaspard.

– Tiens, en parlant de lunettes de soleil, c'était qui le grand gaillard qui vous accompagnait dans le hall ?

Gaspard et Emma échangent un regard.

– Juste un skieur qui voulait des renseignements sur le prix des chambres, improvise Emma. On lui a donné la plaquette et il est reparti.

Elle fait son sourire magique de fille chérie, celui qu'elle réserve pour les jours de grosse bêtise.

– Tu vois, papa, faut pas t'inquiéter. Gaspard et moi, on gère.

9

Pétage de plombs

Quand monsieur Barbidel referme la porte de la chambre, Emma et Gaspard poussent un soupir de soulagement. Ils ont cru qu'il ne partirait jamais !

Ils se précipitent vers la salle de bains. Alerte ! Le yéti a disparu ! Il n'y a plus que quelques poils blancs qui flottent sur l'eau au fond du lavabo.

Gaspard secoue la tête, la bouche ouverte.

– Mais où est-il passé ? Il n'y a même pas une fenêtre pour s'échapper ! Et il est bien trop gros pour s'évader par la tuyauterie !

Emma se moque de lui en rigolant.

– T'es bête ou quoi ! Il est là, dans la baignoire, sous la mousse !

C'est le moment que le yéti choisit pour terminer son exploration sous-marine. Il sort de la baignoire.

Sa fourrure dégouline, comme un torrent à la fonte des neiges. En une seconde, le tapis de bain ressemble à une éponge qui déborde.

Emma et Gaspard n'ont pas besoin de se parler. Ils pensent tous les deux la même chose : il faut empêcher l'inondation !

Emma attrape toutes les serviettes de toilette de la salle de bains et les jette sur le yéti.

Ça ne suffit pas.

Gaspard va chercher les draps de la chambre, et entoure le yéti.

Ça ne suffit toujours pas.

Emma décroche les rideaux et les enroule tout autour du yéti. Après ça, il ressemble à une momie. L'eau arrête de couler, c'est mieux. Mais il est toujours trempé.

D'ailleurs, la momie ouvre grand ses narines et souffle un « TCHOUUUUUUUUM » tout morveux.

– Oh non ! dit Emma. Il est en train de s'enrhumer ! Il faut le sécher, entièrement !

– On n'a pas le temps, répond Gaspard, il faut qu'on nettoie les escaliers.

Emma réfléchit. Elle ne met pas longtemps à trouver une idée.

– Je sais ! On laisse le yéti emballé, il ne pourra pas faire de bêtises. Toi, tu passes un coup de serpillière dans les escaliers. Moi, je vais chercher des sèche-cheveux.

Dix minutes plus tard, les escaliers sont propres, le yéti est au milieu de la chambre et Gaspard et Emma l'entourent, un sèche-cheveux dans chaque main (comme les cow-boys d'un western avec leurs revolvers).

– Prêts ?

– Partez !

Ils appuient ensemble sur le bouton marche. Les appareils grésillent, crépitent et pshiiiit ! crachotent de la fumée.

Au même moment, un hurlement d'horreur retentit dans la chambre voisine, suivi une poignée de secondes plus tard par un hurlement de colère dans le couloir.

Gaspard et Emma se précipitent.

Madame Méticule se tient devant sa porte, furieuse, son peignoir enfilé à l'envers et ses cheveux couverts de shampoing !

Monsieur Barbidel grimpe l'escalier quatre à quatre.

– Désolé, madame l'ICLRLHTP, mille excuses. Les plombs ont sauté, ce qui n'arrive jamais. Je vais réparer ça dans la minute, ne vous inquiétez pas.

– Le mal est déjà fait, monsieur Barbidel. L'eau de ma douche est subitement devenue glacée. Je me suis retrouvée congelée… et plongée dans le noir ! Il n'y avait même pas de rouleau de papier toilette phosphorescent pour m'aider à me repérer.

L'inspectrice souffle sur la mousse qui glisse le long de son nez et pointe un doigt accusateur vers le père d'Emma.

– Alors, laissez-moi vous dire une chose : ce n'est pas moi qui devrais m'inquiéter, monsieur Barbidel... mais vous ! Vous et votre abominable, déplorable et pitoyable hôtel minable. Les choses se présentent mal, vraiment très mal, encore plus mal que ce que vous pouvez penser. Je vais noter ça immédiatement dans mon rapport circonstancié.

Monsieur Barbidel joint ses mains devant lui et, de toutes les manières possibles, prie madame Méticule de l'excuser.

Il précise qu'il est « infiniment désolé », qu'il présente « mille excuses », qu'il « implore son pardon », et même qu'il bat sa coulpe (même s'il ne sait pas ce qu'est une coulpe. D'ailleurs, l'inspectrice non plus).

– Laissez-moi une chance de me rattraper, madame Méticule. Pour me faire pardonner, je vais vous cuisiner un dîner aux petits oignons, vous m'en direz des nouvelles !

Monsieur Barbidel se précipite dans la cuisine. Il a intérêt à faire un repas digne d'un grand chef !

Emma et Gaspard échangent une grimace. Le yéti est comme une bombe à retardement : à la moindre nouvelle bêtise, il risque de convaincre définitivement l'inspectrice d'ordonner la fermeture de l'hôtel. Mouillé ou pas, il faut l'exfiltrer au plus vite !

Dans la chambre, le yéti est couché sur le tapis. Il ronfle comme un moteur de voiture de course.

Emma tente trois techniques pour le réveiller :

1. Elle le pousse (c'est pas facile, elle glisse).

2. Elle le secoue (c'est rigolo mais pas efficace).

3. Elle lui crie « dring » dans l'oreille.

Gaspard essaie à son tour :

1. Il lui met des chocolats sous le nez (ça a marché dans la crevasse, mais pas là).

2. Il lui fait des guilis sous les pieds.

3. Il mange les chocolats en disant bien fort : « Hum… trop bon ! » (Il n’a même pas besoin de mentir.)

Rien n’y fait ! Le yéti ne bouge même pas le petit orteil. On dirait bien qu’il est parti pour dormir toute la nuit ! Pourvu qu’il ne soit pas somnambule…

10

Petit à petit, le yéti fait son nid

Le lendemain matin, quand Gaspard ouvre un œil, il sursaute et appelle :

– Réveille-toi, Emma, il faut que tu voies ça !

Emma râle un peu, car elle aime les très, très grasses matinées, du genre qui se terminent l'après-midi. À peine elle soulève une paupière qu'elle sursaute à son tour.

– C'est quoi ce truc ?

Dans un coin de la chambre, le yéti est endormi, lové à l'intérieur d'un nid géant fait de bouts de bois ciré, de plumes et de mousse. Mais attention ! Pas de la mousse verte qu'on trouve dans les bois, non, non, non, de la mousse jaune fluo très synthétique.

Emma regarde Gaspard en fronçant les sourcils.

– C’est toi qui as fait ça ?

– Pas du tout ! J’ai dormi comme un bébé, toute la nuit.

– Mais où a-t-il réc… ?

À ce moment-là, comme en réponse à sa question, un grand cri résonne en bas.

Encore un cri ? Mais ça n’arrête plus de crier à l’hôtel Kifftonski !

Gaspard et Emma se précipitent au rez-de-chaussée.

Madame Klebs tient Pipichou serré sous un bras et tend l’autre, le doigt pointé vers le coin salon. Si madame Klebs avait un troisième bras, pas de doute qu’elle serait en train de l’agiter dans tous les sens, car elle hurle

– Il y a un monstre dans l’hôtel ! Mon pauvre Pipichou, ne regarde surtout pas cet effrayant spectacle, tu risques de faire des cauchemars !

Dans le coin salon, tout est saccagé. Le joli canapé à carreaux rouges est éventré. Les coussins défoncés, la mousse arrachée.

– C'est un carnage ! C'est épouvantable, c'est abominable, c'est affreuxminable ! Dire que le monstre qui a fait ça aurait pu s'en prendre à mon Choupichou ! Je n'oserai plus JAMAIS le laisser seul faire sa crocrotte sous l'escalie ! Si seulement il y avait quelqu'un pour nous protéger, comme ce grand homme velu et musclé qui était là hier. D'ailleurs, savez-vous où on peut le trouver, monsieur Barbidel ?

Debout à côté d'elle, monsieur Barbidel reste muet. Le désastre l'a transformé en statue de sel, les yeux écarquillés.

Emma et Gaspard aussi sont transformés en statue, mais plutôt dans une version gargouille grimaçante. Ils ont tout compris : tout ça, c'est la faute du yéti. Voilà où il a trouvé de quoi construire son nid !

Mais le cauchemar n'est pas terminé. Car voici que débarque madame Méticule, son dossier d'ICLRLHTP à la main.

Et elle n'est pas du genre statue de sel.

Elle regarde les dégâts, elle regarde monsieur Barbidel, elle regarde son dossier et, sans un mot, elle griffonne une longue, longue phrase. C'est si long que monsieur Barbidel réagit enfin.

– N'ayez crainte, madame Méticule, ce n'est rien, juste un petit souci technique. Laissez-moi vous conduire vers la salle à manger pour votre petit déjeuner. Nous avons les meilleures crêpes de la station ! Vous m'en direz des poubelles, euh, je veux dire… des nouvelles.

Madame Méticule le dévisage.

– Vous êtes sûr qu'elles sont comestibles, vos crêpes ?

– Oh non, non, non ! Enfin, je veux dire si, si, si, bien sûr, je les ai préparées moi-même !

– C'est bien ce qui m'inquiète, siffle-t-elle.

Elle finit par le suivre et, quelques secondes après, Gaspard et Emma entendent un grand « CRAAAC » !

Catastrophique catastrophe ! Madame Méticule est assise par terre dans la salle à manger, les mains en l'air, l'une agrippée à une cuillère et l'autre à une fourchette. Tout autour d'elle, sont éparpillés les morceaux de la chaise qui s'est effondrée sous elle.

En un éclair, Gaspard et Emma comprennent : le yéti a volé les barreaux des chaises !

– Cette fois, ça suffit, monsieur Barbidel, dit l'inspectrice. Ce n'est quand même pas le petit Soupochou de votre cliente qui est à l'origine de tous ces dégâts ! Alors, soit vous trouvez le responsable de ce saccage, soit je signe l'arrêté officiel de fermeture de votre hôtel dès que j'aurai essuyé le miel qui a coulé dessus.

– Bien sûr, madame l'ICLRLHTP, je vais fouiller l'hôtel tout de suite incessamment dans la seconde et sans attendre.

Pour Emma et Gaspard, il n'y a plus un instant à perdre. Ils doivent évacuer le yéti immédiatement ! Mais comment ?

11

Cris à gogo

Dans la chambre, le yéti est couché en boule dans son nid, les yeux fermés. Guilis, murmures et chocolats… rien ne le décide à bouger de là !

– Allez, yéti, réveille-toi ! Si tu restes ici, tu seras emmené au zoo, et mon père et moi… on n'aura plus de maison…

Emma le tire, le pousse, une fois, dix fois, trente fois.

Découragée, elle s'assoit par terre.

– Tout ça, c'est ma faute. Je n'aurais jamais dû te ramener ici !

Emma se sent coupable, elle a envie de pleurer. Gaspard tente de la rassurer.

– T'inquiète pas, on va trouver une solu…

Il s'interrompt. Le yéti vient soudain d'ouvrir les yeux en poussant un long cri.

Dans la famille des cris, il y a plein de cris différents. Des petits, des aigus, des stridents, des joyeux, des peureux et des capricieux. Mais là, ce n'est pas un cri qu'on a l'habitude d'entendre à l'hôtel Kifftonski (et pourtant, les cris n'y manquent pas !). Il s'agit d'un cri genre sirène de pompiers. Un cri bien plus puissant que le plus perçant des cris de madame Klebs (qui s'y connaît en matière de cris).

Emma plaque ses deux mains sur la bouche du yéti mais il ne s'arrête pas. Alors, elle hurle :

– Chuuuuuuuuuuuuuuuuuuuuuuuuuuuuuuuut !

Gaspard hurle à son tour :

– Moins fort ! On va se faire repérer !

Mais il n'y a rien à faire ! Le yéti est en mode « trompette et clairon ».

La porte s'ouvre à toute volée. Monsieur Barbidel apparaît, les mains sur les oreilles. Il hurle :

– Qu'est-ce qui se passe encore ici ?

À cet instant, il aperçoit le yéti et commence à hurler lui aussi.

Madame Klebs, qui est toujours là quand il s'agit de crier, apparaît à son tour. Cramponnée à son Choupichou, elle rugit en voyant le yéti couché par terre.

Choupichou saute de ses bras et se met à hurler à la mort.

C'est un concert de cris. La cacophonie est épouvantaminablaffreuse, assez puissante pour casser les oreilles de tous les résidents de la station.

Puis arrive celle que nul ne veut voir. Madame Méticule en personne. Comme à son habitude, elle ne fait rien comme les autres : elle ne crie pas. Elle observe la scène de ses yeux froids. Cette fois, c'est la fin du monde, l'apocalyptique apocalypse.

Monsieur Barbidel voit déjà sur son hôtel le panneau « Fermé pour cause d'invasion de yétis ». Il en perd la voix. Emma et Gaspard se taisent.

Même madame Klebs est refroidie par le regard de l'inspectrice. D'ailleurs, elle prend son Choupichou chéri sous le bras et s'en va.

Le yéti est le dernier qui continue à crier. Il se met aussi à se tortiller.

Madame Méticule traverse la pièce à grandes enjambées et fait très vite trois choses incroyables :

1. Elle quitte sa veste.
2. Elle la jette n'importe comment n'importe où.
3. Elle se met à frotter le ventre du yéti.
4. Elle lui parle doucement à l'oreille.

(C'est vrai, ça fait quatre choses et pas trois, mais comme elle les a enchaînées très, très vite, c'est dur de compter sans se tromper.)

Le yéti s'arrête aussitôt de hurler.

Le calme est revenu. Après tant de cris, ça fait du bien.

L'inspectrice en profite pour dire d'une voix douce :

– Sortez de la chambre et apportez-moi de l'eau chaude et des serviettes de toilette.

La voix est douce, d'accord, mais elle reste autoritaire.

Emma, Gaspard et monsieur Barbidel obéissent sans discuter. Il faut dire que le yéti regarde madame Méticule avec de grands yeux confiants. L'inspectrice semble savoir ce qu'elle fait.

12

Attention, un yéti peut en cacher un autre

La mission « eau chaude/serviettes » terminée, monsieur Barbidel, Emma et Gaspard attendent dans le couloir, même s'ils ne savent pas ce qu'ils attendent.

Les deux amis ont le temps de raconter toute l'histoire au père d'Emma : la chute dans la crevasse, le yéti blessé, le coup du sèche-cheveux, le nid et…

… et le récit s'interrompt soudain quand de nouveaux cris retentissent. Pas des cris « sirène de pompiers ». Plutôt des cris genre « canard en caoutchouc ».

Monsieur Barbidel, encore sous le choc, s'interroge. Mais qu'est-ce que c'est encore ?

Ils n'ont pas longtemps à attendre : l'inspectrice rouvre la porte.

Cette fois, plus personne ne crie. Il règne dans le couloir un de ces silences magiques, le silence des belles surprises.

Madame Méticule est à peine reconnaissable. Son chignon est tout explosé, des mèches de cheveux lui tombent sur le nez, le front et le menton. Avec sa jupe tachée et un bouton de chemisier qui pendouille au bout de son fil, elle est toute décoiffée, elle est méconnaissable. Pourtant, ce n'est pas ça le plus étonnant.

Les yeux écarquillés, Emma, Gaspard et monsieur Barbidel observent ce qu'elle porte dans ses bras : une petite boule de poils plus blanche que neige, une petite boule de poils qui agite deux minuscules poings tout roses, une petite boule de poils qui murmure un étrange babil… Un bébé yéti !

Un adorablemignonàcroquer bébé yéti, assurément le plus beau bébé yéti qu'ils aient jamais vu de toute leur vie (ce qui est forcément le cas puisque c'est le premier qu'ils voient, mais bon…).

Madame Méticule l'a emmailloté dans une serviette de l'hôtel et le tient avec délicatesse.

Emma et Gaspard n'en croient pas leurs yeux. Quelle surprise… Ainsi, le yéti était une dame yéti ! Une dame devenue maman !

La maman yéti pousse un grognement et tend ses mains devant elle. Madame Méticule se retourne et dépose le petit dans ses bras.

Quand l'inspectrice se relève, elle se recoiffe, tire sur sa jupe et son chemisier, puis toussote pour s'éclaircir la voix. L'ICLRLHTP est de retour.

– Monsieur Barbidel.

Elle s'arrête une seconde… C'est sûr, ça ne va pas rigoler.

– Vous avez contrevenu à tant de règles que je ne saurais toutes les énumérer. Avez-vous un arrêté vous autorisant à héberger des animaux sauvages, et un certificat vétérinaire d'épouillage ?

– Je ne crois pas, mais ce n'est pas…

– Chuuuutututuchut. En tant qu'ICLRLHTP, je n'ai pas d'autre choix que de dresser le procès-verbal de fermeture de l'hôtel.

À nouveau, le silence règne dans la chambre. Mais cette fois, c'est un silence froid et coupant. Madame Méticule manie le stylo comme une arme. GRATT, GRATT, quelques mots sur le papier suivis d'une signature, le papier tendu à monsieur Barbidel, et c'est la fin de l'hôtel Kifftonski.

Emma n'ose pas regarder son père.

Et comme si madame Méticule n'en avait pas assez fait, voilà qu'elle continue à parler !

– Passons aux choses sérieuses, maintenant. Rappelez-moi quel jour nous sommes, monsieur Barbidel.

Monsieur Barbidel est effondré, et il n'a même pas de chocolat à la cacahuète pour surmonter l'épreuve. Il balbutie :

– Di-Di-Dimanche.

– Et vous n'avez pas honte de faire travailler une inspectrice le dimanche ? Même les inspectrices ont besoin de souffler. Donnez-moi cette feuille immédiatement !

Monsieur Barbidel lui tend le papier et manque de s'étouffer de stupeur quand elle le déchire sous ses yeux.

Madame Méticule jette les bouts de papier en l'air.

– Ça manquait de confettis, ici, pas vrai ?

Personne ne répond, car personne ne comprend ce qu'il se passe.

Madame Méticule sourit. Si, c'est vrai. Elle sourit. Un vrai, grand, large et chaleureux sourire (on voit ses dents).

– Monsieur Barbidel, il faut bien l'avouer : côté administratif, vous êtes un peu nul comme hôtelier. Mais en hébergeant une pauvre mère yéti sous votre toit alors que je suis là, question culot, je vous dis : chapeau ! Ce que vous avez fait est la preuve que vous avez un cœur en or, et votre fille peut être fière de son père. Aujourd'hui, on est dimanche, c'est mon jour de repos, je vais donc oublier tout ce que j'ai vu. Mais je reviendrai dans quinze jours et je vous préviens : si cette fichue installation électrique n'est pas réparée, et si un ou deux yétis traînent encore ici, vous aurez de mes nouvelles ! C'est bien compris ?

Monsieur Barbidel se sent tout bizarre. Son cœur bat très fort, ses joues brûlent comme s'il mâchait un feu de cheminée, ses mots arrivent tout mélangés dans sa bouche.

– Merci, madame Méticule, vous êtes une choc folle, euh, je veux dire… une chic fille. Excusez-moi, les émotions, ça me chamboule des orteils jusqu'au cœur. Je vous promets que tout sera en ordre à votre retour.

Monsieur Barbidel se tait. Madame Méticule se tait. On croirait presque qu'ils vont tomber dans les bras l'un de l'autre comme dans les histoires de prince charmant. Mais madame Klebs surgit dans la chambre.

Elle porte une couverture de survie sur la tête, nouée en turban. Elle s'est maquillée, a enfilé sa combinaison dorée et ses bottes en faux poils de lézard.

– Ah, vous êtes là ? Je cherche le charmant monsieur de l'autre jour, vous savez, le beau grand baraqué pas bavard... Sauriez-vous où je peux le trouver ?

Son cœur d'amoureuse bat si fort qu'elle ne voit rien : ni yéti ni bébé ! (Parce que c'est bien connu : l'amour rend aveugle.)

– Le beau gars musclé ? demande Emma. Je crois bien qu'il est sorti prendre l'air, là-bas, du côté de l'escalier de l'entrée.

– Oh non ! C'est là que mon Crotimou est allé faire sa crocrotte !

– Alors dépêchez-vous d'aller la ramasser avant que le beau musclé ne...

Emma n'a même pas le temps de finir sa phrase. Madame Klebs recommence à crier.

– Attention, mon très cher monsieur ! Attention où vous mettez les pieds ! Ne craignez rien ! N'ayez pas peur ! Je suis là ! Je viens vous sauveeeeeeeeeeeeeeeeeeeeeeer !

13

Qui a dit que les histoires de yétis ne pouvaient pas se finir comme les contes de fées ?

Ils sont deux skieurs à descendre la piste noire à toute allure en slalomant entre les bosses.

Le premier s'arrête à mi-pente, en un impeccable dérapage qui soulève un mince brouillard de neige scintillant au soleil. C'est madame Méticule.

Monsieur Barbidel la rejoint (c'est le second) et s'arrête juste un petit peu trop près. Leurs épaules se touchent.

– Oh, madame l'ICLRLHTP, c'est extraordinaire, vous skiez comme une étoile filante !

– Les étoiles filantes ne skient pas, monsieur Barbidel, elles filent !

Madame Méticule a parlé d'un ton sec. Mais monsieur Barbidel ne s'y trompe pas. Depuis qu'elle a accepté de lui donner des cours de « rigoureuse rigueur administrative » pour l'aider à mieux gérer son hôtel, il sait que sous son allure glacée, son cœur est en ébullition.

Il faut dire que ce fameux dimanche du yéti, à la minute où madame Méticule a transformé l'arrêté de fermeture en confettis, monsieur Barbidel est tombé fou amoureux d'elle. Quelle femme ! Quelle force ! Quelle intelligence ! Il n'avait qu'une envie : attraper une petite mèche échappée de son chignon, l'entortiller sur son doigt et l'embrasser (madame Méticule, pas la mèche de cheveux).

Alors, il s'appuie encore un peu contre l'épaule de l'ICLRLHTP et dit en balbutiant :

– Je vous en prie, madame Méticule, appelez-moi Alfred ! Nous avons déjà vécu tant de choses ensemble ! Nous pourrions être amis…

La bouche de madame Méticule s'arrondit dans un O d'étonnement. Jamais personne ne lui avait proposé d'être ami avec elle… Ça lui plaît ! Ce monsieur Barbidel est si sensible, il ne cesse de l'étonner. Quel homme ! Quelle fantaisie ! Quelle spontanéité ! Elle perd son souffle en répondant :

– Je vous appellerai Alfred à condition que vous m'appeliez Lily-Eulalie !

Cette fois, c'est l'épaule de Lily-Eulalie qui s'appuie un peu plus fort contre celle d'Alfred.

Tous les deux sourient, épaule contre épaule, les yeux dans les yeux, sans rien dire. C'est bien connu, l'amour ne rend pas seulement aveugle, il donne aussi un air un peu bête (et muet).

Ils sont si occupés à se regarder qu'ils ne s'aperçoivent même pas du passage de madame Klebs sur la piste. Pourtant, elle n'est pas discrète : les deux mains crispées sur la laisse de son chien qui court devant elle, elle dévale la piste sur les fesses en hurlant :

– Chaud devaaaaaaaaaant ! Mon Crotimou a une envie trèèèèèèèèès pressée ! Écartez-vous de mon chemiiiiiiiiiiin !

Ce n'est que lorsque trois fusées atterrissent devant Alfred et Lily-Eulalie en projetant de la neige partout que les deux amoureux sortent de leur bulle.

La fusée 1, c'est Emma, toujours la première à dévaler la piste.

La fusée 2, c'est Gaspard qui soigne ses virages pour montrer qu'il a du style.

La fusée 3, c'est une énoooooorme fusée. Elle est habillée d'une combinaison de ski qui craque aux coutures et coiffée d'un

turban doré. Sur son dos, une peluche toute blanche dépasse de son sac. Une peluche qui pousse des cris de joie en tapant des pattes.

Une peluche ? Vraiment ?

C'est du moins ce que raconte Gaspard aux gens qu'ils croisent. Et quand ces derniers s'étonnent que la peluche bouge et fasse du tapage, Emma précise :

– C'est une peluche-automate !

– Mais pas aux tomates comme le ketchup ! précise Gaspard.

Puis ils se dépêchent de filer le long de la piste en riant aux éclats avant qu'on leur pose davantage de questions.

Il n'y a pas à dire, à l'hôtel Kifftonski, la vie est vraiment, incontestablement, indubitablement merveilleuse !

© 2024 Éditions Milan
1, rond-point du Général-Eisenhower,
31101 Toulouse Cedex 9, France
editionsmilan.com

Droits de traduction et de reproduction réservés pour tous les pays.
Toute reproduction, même partielle, de cet ouvrage est interdite.
Une copie ou reproduction par quelque procédé que ce soit,
photographie, microfilm, bande magnétique, disque ou autre,
constitue une contrefaçon passible des peines prévues
par la loi du 11 mars 1957 sur la protection du droit d'auteur.
Loi 49-956 du 16 juillet 1949 sur les publications destinées à la jeunesse.

Dépôt légal : janvier 2024 • ISBN : 978-2-408-05043-6
Achevé d'imprimer au 1er trimestre 2024
en Espagne par Egedsa
Plus d'informations sur la fabrication de nos livres :
editionsmilan.com/comment-fabriquons-nous-nos-livres

Certifié PEFC
Ce produit est issu de forêts gérées durablement et de sources contrôlées
PEFC
PEFC/14-38-00200
www.pefc-france.org